L'ENFANT

DEVANT

LA JUSTICE RÉPRESSIVE

PAR

Emmanuel LASSERRE

Juge au Tribunal civil de Bordeaux.

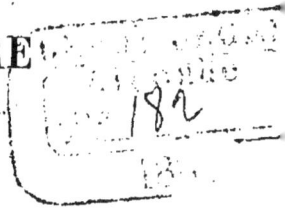

PRÉCÉDÉ D'UNE INTRODUCTION

PAR

Fernand MARIN

Secrétaire général de l'Œuvre des Enfants abandonnés de la Gironde,

ET D'UNE PRÉFACE

PAR

Jules SIMON

De l'Académie Française.

Prix : 2 francs.

Vendu au profit de l'Œuvre des Enfants abandonnés de la Gironde.

BORDEAUX

MPRIMERIE G. GOUNOUILHOU

11, RUE GUIRAUDE, 11

1891

L'ENFANT

DEVANT LA JUSTICE RÉPRESSIVE

L'ENFANT

DEVANT

LA JUSTICE RÉPRESSIVE

PAR

Emmanuel LASSERRE

Juge au Tribunal civil de Bordeaux,

———

PRÉCÉDÉ D'UNE INTRODUCTION

PAR

Fernand MARIN

Secrétaire générál de l'Œuvre des Enfants abandonnés de la Gironde,

ET D'UNE PRÉFACE

PAR

Jules SIMON

De l'Académie Française.

———

Prix : 2 francs.

Vendu au profit de l'Œuvre des Enfants abandonnés de la Gironde.

———

BORDEAUX

IMPRIMERIE G. GOUNOUILHOU

11, RUE GUIRAUDE, 11

—

1891

Ⓒ

A Monsieur MARIN,

Secrétaire général de l'Œuvre des Enfants abandonnés de la Gironde.

MONSIEUR,

Mon ami, M. Herbette, directeur de l'Administration pénitentiaire au Ministère de l'intérieur, s'est occupé tout particulièrement des maisons où sont détenus les enfants. Il a fait, je le crois, des merveilles. Malgré cela, nous sommes très ardents, ici, pour lui arracher le plus d'enfants que nous pouvons, estimant qu'il n'y a pas de geôlier qui puisse remplacer un père. Je vois que vous poursuivez la même œuvre à Bordeaux, avec la même passion. J'ai lu le discours magistral de M. Lasserre, qui touche à toutes les questions en jurisconsulte et en philosophe, et votre touchante et charmante introduction. Je suis heureux de voir que vous allez faire de ces deux excellents morceaux un excellent livre qui éclairera vos adhérents sur les conditions de votre œuvre, et qui vous en attirera de nouveaux.

L'entreprise que nous avons faite, à Paris, est un peu plus étendue que la vôtre. Nous faisons d'abord, au Palais, tout ce que vous faites; et, en outre, nous recueillons les enfants qui n'ont été déférés pour aucun motif à la justice, mais que la conduite ou la condition des parents constitue en état de danger moral. Nous avons, je vous assure, bien des clients. Il nous vient aussi des secours; mais, tous les jours on nous dévoile de nouvelles misères à soulager. Il y a du bon et du mauvais dans notre métier. Si nous sommes heureux du bien que nous faisons, nous souffrons cruellement d'être obligés de renoncer à en faire davantage.

On a fait, à côté de nous, une Société, composée principalement de jurisconsultes, pour étudier toutes les questions qui se rattachent au patronage de l'enfance. J'en fais aussi partie. Elle est présidée par le bâtonnier, Mᵉ Cresson.

Vous avez bien raison de regarder le sauvetage de l'enfance comme la plus belle et la plus patriotique des œuvres. Pour chaque enfant que vous sauvez, vous rendez un double service à la Patrie: car vous ôtez un homme à l'armée du mal, et vous en donnez un à l'armée du bien.

On a beaucoup parlé, tous ces temps-ci, du faible accroissement de la population de la France. On a cherché le moyen d'accroître le nombre des naissances. Ce n'est pas facile, assurément; ce n'est pas impossible non plus. Il faut y tendre persévéramment, et ne pas se rebuter de l'exiguité des résultats. Mais ce qui est à la fois moins difficile et plus nécessaire, c'est de tirer un bon parti de ce que la nature nous donne, et de ne laisser les générations ni périr ni se pervertir.

Rien que par une législation énergique sur les avortements, les abandons d'enfants, la surveillance des nourrices, on peut diminuer la mortalité dans une proportion énorme. Vous la diminuez aussi, et grandement, par votre intervention salutaire; mais ce que vous diminuez surtout, c'est l'accroissement de la perversité. Tous ces enfants qui seraient morts en naissant, tous ceux qui, par défaut de soins matériels, seraient rachitiques, anémiés, scrofuleux, et tous ceux qui, par défaut de soins moraux, iraient accroître la population des bagnes, figurent, grâce à vous, avec honneur, dans les rangs de notre armée. Même pour les soldats, et peut-être surtout pour les soldats, ce n'est pas le nombre qui compte, c'est la qualité. Ne trouvez-vous pas, Monsieur, une grande satisfaction, un vrai bonheur, à voir partout éclater cette démonstration que rien n'est aussi bienfaisant que la vertu? Vous semez la morale, et vous récoltez la force.

J'ai à vous remercier bien cordialement de

m'avoir fait connaître votre Œuvre. Je m'y associe comme Français et comme Bordelais, car on n'a pas été impunément député de Bordeaux. Je m'y associe surtout comme ami de l'enfance. Plus je vois, par le progrès des ans, la jeunesse loin de moi, et plus je l'adore.

Veuillez agréer l'assurance de mon entier dévouement.

JULES SIMON.

INTRODUCTION

Ces quelques pages qui servent d'introduction à
l'étude de mon collègue, M. Lasserre, devraient en
former la conclusion.

Dans presque toutes les législations étrangères et
notamment sous l'empire de notre droit pénal français, l'enfant peut être poursuivi devant la juridiction répressive et condamné. Oui, Madame, une
fillette de dix ans, comme la vôtre, ni plus ni moins
raisonnable que la chère petite aux cheveux bouclés
que vous bercez encore sur vos genoux, et que vous
privez de dessert lorsqu'elle n'a pas été sage, aura
demandé un petit sou à un passant, pris un gâteau
à l'étalage d'un pâtissier, elle sera traduite en
police correctionnelle comme mendiante ou comme
voleuse, envoyée en prison ou dans une maison de
correction. — Un gamin de douze ans, léger, irré-
fléchi, incapable, n'est-ce pas? de se diriger seul
dans la vie, enclin au mal, comme presque tous les
enfants, aura fui, un beau jour, le domicile de sa

mère qui le battait, erré dans la compagne, et, obéissant à une pensée méchante, il se sera amusé à mettre le feu à une grange, il sera amené en cour d'assises et frappé comme incendiaire.

Cela est terrible; et pourtant c'est la loi; et, dans une certaine mesure, cette loi est nécessaire.

Il y a des enfants voleurs, vagabonds, mendiants, assassins même, en révolte contre la société, qui menacent sa sécurité, non pas avec des sabres de bois, mais avec des couteaux en vrai, des allumettes qui flambent et des rossignols qui ouvrent les coffres-forts.

La société a le droit de se défendre contre cette armée de bambins dangereux. — Jusqu'ici, elle n'avait rien trouvé de mieux que de les coffrer pendant quelques jours en prison, ce qui ne les améliorait pas, ou de les envoyer dans des maisons de correction, ce qui, quelquefois, dit-on, les rendait pires.

Il y a deux ans environ, la société, qui avait vieilli et acquis de l'expérience, s'apercevant qu'à mesure qu'on mettait sous clef des petits voleurs, il naissait d'autres petits voleurs, plus audacieux encore que les autres, ce qui, avec les anciens coffrés à qui on rendait la liberté, ne laissait pas de composer une troupe assez solidement organisée, réfléchit. Elle se demanda : « D'où viennent donc tous

ces mauvais garnements, hauts comme la botte
d'un de mes gendarmes, qui partent ainsi en guerre
contre ce que j'ai de plus sacré : la propriété, la vie
des citoyens? Pourquoi leurs papas ne les envoient-
ils pas à l'école? Et que diable font donc leurs
mamans, qu'elles ne s'inquiètent même pas de
savoir s'ils vont faire leur première communion? Il
y a quelque chose là-dessous. » Et la société fit
faire une enquête par de braves gens dont les fils
suivent les cours du lycée Henri IV ou de Sainte-
Barbe, n'ont jamais couché dans des tuyaux de
fonte et ignorent les secrets des pince-monsei-
gneur. Et les braves gens découvrirent : — que les
blés d'or ne poussent pas dans la lande; — qu'il existe
dans les grandes villes des quartiers réservés à la
prostitution; — que la prostitution n'est pas toujours stérile; — que la fille Élisa peut avoir une
fille et vouloir l'élever dans ses principes; — qu'un
voleur à la tire, un chourineur de haute marque,
fier de son état, l'enseigne à ses descendants; —
qu'il y a des alcooliques et des brutes qui enchaînent
leurs petits dans des caveaux et les martyrisent; —
que l'enfant est une pâte tendre dont on peut faire
un petit ange avec de belles ailes toutes blanches;
ou un affreux petit magot grimaçant; — que l'exemple est contagieux; — que la misère et les coups ne
sont point agréables; — qu'en un mot, comme dit

la chanson : « Tout cela, c'est la faute à Papa. »
Conclusion : il faut supprimer Papa.

D'où la loi de 1889, dite loi Roussel, qui permet aux tribunaux d'enlever la puissance paternelle à Mlle Gabrielle Bompard et à M. Jean Hiroux et de confier l'éducation de leurs enfants à l'Assistance publique ou à des sociétés de bienfaisance.

Bien avant la promulgation de cette loi, qui rendra de grands services, des hommes d'initiative et de dévouement, ayant vu d'où venait le mal, avaient appliqué le remède. La Société de Protection de l'Enfance, fondée à Paris par M. Bonjean ; l'œuvre du Refuge du Grand-Quevilly, créée à Rouen par la magistrature ; l'Union Française pour la défense des enfants maltraités ou en danger moral, fondée par Mmes de Barrau et Kergomard et qui a à sa tête MM. Jules Simon et Henri Rollet, n'ont d'autre but que de changer de milieux les enfants qu'elles recueillent, de les soustraire aux mauvais exemples de parents vicieux ou criminels et de les transplanter dans des familles honnêtes de cultivateurs ou dans des établissements agricoles.

Une œuvre semblable manquait à Bordeaux. L'Orphelinat de l'abbé Moreau, à Gradignan, la Colonie protestante de Sainte-Foy-la-Grande, dirigée par M. Ténot, les Orphelinats de filles, établisse-

ments essentiellement utiles où sont élevés avec
soin les orphelins et les enfants des familles malheu-
reuses, ne reçoivent pas d'habitude la catégorie
d'enfants qu'on appelle les *moralement abandonnés;* toute cette classe de bambins, produit des
grandes villes, qui, à dix ans, volent à l'étalage,
éventrent des sacs de café et de riz sur les quais
pour vendre ce qui tombe, boivent aux barriques
avec des chalumeaux, sont mendiants, menteurs et
débauchés, ont déjà été arrêtés plusieurs fois, ont
couché au violon, comparu au petit parquet, et
comparaissent en police correctionnelle. — Nous
les avons vus ces enfants, chétifs, pâles, intéres-
sants malgré tout. Nous avons résolu de les sauver
et, à notre tour, nous avons fondé à Bordeaux, il y
a deux ans, sous la présidence d'un magistrat émi-
nemment sympathique, M. Calmon, président du
Tribunal civil, l'Œuvre des Enfants abandonnés de
la Gironde. Je ne raconterai pas sa naissance; je
ne dirai pas avec quelle faveur elle a été accueillie
dans le département, quel appui elle a trouvé
auprès de l'Administration départementale, du Con-
seil général, de la Ville de Bordeaux, du haut com-
merce, du barreau, de la magistrature, de l'armée.
Lorsque j'enfourche ce dada, je ne mets plus pied
à terre. Ce serait trop long! — Je fais donc un bond
de deux années, et en quelques lignes, je vais indi-

quer où nous en sommes et comment nous fonc-
tionnons. — L'Œuvre recueille les filles et les garçons. Elle n'a pas encore d'établissement spécial
pour les filles. Elle les place, à ses frais, dans des
familles de cultivateurs ou dans des Orphelinats.
Nous en avons déjà recueilli une vingtaine... une
entre autres, de treize ans, ayant une jambe de bois,
petite vagabonde, à laquelle son frère, un vaurien
de dix-huit ans, avait fait subir les derniers outra-
ges... Elle a d'abord terrifié les sœurs de l'Orphelinat de Sainte-Philomène où nous l'avons placée.
Jamais les murs du Refuge des filles repenties
n'avaient entendu de pareils propos! Aujourd'hui,
elle se conduit mieux et jure modérément. On
espère la sauver.

Que serait-elle devenue si on l'avait laissée dans
la rue?

Quant aux garçons, nous les recueillons à la colonie agricole de Saint-Louis, que l'Œuvre a acquise,
et qui formait autrefois le pénitencier de M. l'abbé
Buchou. Elle est située sur la route du Pont-de-la-
Maye, à deux kilomètres du boulevard de Talence,
a une contenance d'environ quarante-cinq hectares,
en vignes, prairies, terres labourables, terres pro-
pres au jardinage et à la culture maraîchère.

De nombreux bâtiments ont été élevés sur la
propriété; deux grandes serres bien aménagées,

des écuries, une étable, un hangar, une remise, une chapelle, et enfin, l'habitation en forme de carré avec une cour intérieure. Cette habitation est vaste ; on peut y loger deux cents enfants dans des dortoirs bien aérés, et y installer tout le personnel et tous les services d'une colonie. La cour intérieure est spacieuse et permet aux enfants de jouer et de se promener pendant les récréations sous la surveillance facile des maîtres.

Vous plaît-il que je vous conduise dans l'établissement et que je vous le montre en plein fonctionnement ? Levons-nous de bon matin si nous voulons arriver à temps. Le réveil (nous sommes en hiver) sonne à six heures. Chacun s'habille, se lave, fait son lit ; à l'exception de trois ou quatre tout petits, de six à sept ans, dont ont charge des camarades qui leur servent « de papas ». Le tableau de service a été dressé la veille au rapport. Pendant que les pupilles de corvée balaient les dortoirs, ouvrent les fenêtres, épluchent les légumes, les plus grands prennent leurs outils, et sous la conduite du chef de culture, vont travailler au jardin, à la vigne, au verger. L'un d'eux, un gaillard de dix-huit ans, debout depuis cinq heures, a soigné les chevaux, fait manger l'avoine. Il attelle la charrue, part au labour avec un surveillant. A huit heures, le clairon sonne « la distribution. » Chacun mord à belles dents dans l'excellent pain

de munition. Les grands retournent aux champs.
Les autres entrent en classe, où l'instituteur les tient
jusqu'à dix heures et demie. Récréation d'une demi-
heure ; puis étude jusqu'à midi, sous la direction
d'un pupille-fourrier (un pauvre infirme, d'une intelligence rare, que sa mère martyrisait) ; et trois fois
par semaine, leçon de musique. Il est midi. Entrons
au réfectoire. Quelle bonne odeur de soupe aux
choux ! Les assiettes sont bientôt vides ; et les
regards se portent sur le second plat qu'un cama-
rade apporte tout fumant des cuisines. C'est le jour
de la viande (on en donne trois fois par semaine).
On lui fait honneur et on l'arrose avec une géné-
reuse piquette. Le repas terminé, on entre en récréation et l'on prend la leçon de gymnastique. Les
tambours s'exercent sous la direction d'un tambour
du régiment, les clairons répètent leurs sonneries ;
les fifres montent des gammes aiguës. A une heure
et demie, reprise du travail aux champs et des
classes. Et c'est plaisir de voir ces anciens petits
vagabonds, ces jeunes révoltés se rendre docile-
ment à leurs postes, sans murmure, sans résistance.
Regardons-les passer. Ils nous font le salut militaire. Jamais ils ne rencontreront un visiteur quel-
conque à la colonie sans porter la main au béret.
Voyez ce petit de sept ans, à la mine éveillée. C'est
un incendiaire. Il a mis le feu à une boîte aux

lettres. — Celui-ci qui a le ruban sur sa blouse de travail, était la terreur de la commune de S...; il fracturait les tiroirs des boutiquiers : c'est un de nos meilleurs sujets. Voilà Alexandre, le Benjamin. Il a été planté sur le pavé, un beau jour, par ses parents. Il a six ans et en paraît quatre. C'est le préféré de nos dames patronnesses. Pauvre mignon!

Laissons un instant les pupilles et visitons l'établissement. Cette pièce est le cabinet du Directeur, un ancien officier qui s'est consacré à l'Œuvre avec un entier dévouement. Il habite ce pavillon avec sa famille. Le pavillon en face est habité par les sœurs qui sont chargées de la lingerie (bien pauvre, hélas!) de l'infirmerie, des vivres. Voici la chapelle, où l'aumônier vient dire la messe le dimanche. — Parcourons rapidement la salle de bains, le préau, les magasins, et entrons dans ce bâtiment voisin. C'est là que sont les logements de l'instituteur et des surveillants. Chaque ménage a son appartement séparé et son petit jardin. Plus loin, au fond, dans la cour, vous apercevez la porcherie, le poulailler, le palais des lapins, le pigeonnier. Voyons les deux grandes serres, où le Bordeaux mondain s'approvisionnera de fleurs l'hiver prochain, le superbe gymnase qui nous a été offert par Mme X..... Faisons un tour dans la propriété, à travers les vignes nouvellement plantées, le jardin potager, les champs de

petits pois, de haricots et de pommes de terre, et
rentrons dans l'établissement, car la cloche sonne;
il est quatre heures et demie, les enfants vont en
récréation et prennent le goûter. Les plus sages,
qui ont reçu des jetons de récompense, les échan-
gent contre une tablette de chocolat, s'ils sont
gourmands, contre des billes ou un ballon s'ils
aiment le jeu. La nuit arrive. Les travailleurs vont
poser leurs outils; ils entrent en classe avec les
autres. Il ne faut pas qu'ils oublient le peu qu'ils
ont jadis appris. A sept heures, a lieu le souper suivi
d'une courte récréation et l'on monte au dortoir.

— Comptez-vous sérieusement, nous demande-t-on
souvent, ramener au bien vos pupilles? Espérez-
vous ne point avoir de déceptions? — Je réponds :
Regardez ces soixante enfants présents à la colonie.
Je vous ai dit qui ils étaient pour la plupart. L'établissement n'a pas de murs comme les prisons. La
propriété n'est pas close. Pourquoi y restent-ils?
La discipline est sévère, le labeur constant; on ne
supporte ni révolte, ni insolence, ni désobéissance.
Quels liens retiennent donc ces enfants qui ont
connu la liberté de la rue, l'indépendance? Beaucoup. Le bien-être matériel : ils ont bon dîner et bon
gîte ; — les distractions nombreuses qu'on leur pro-
cure : musique, gymnase, distribution de gâteaux,
concours de jeux, visites à la foire ; — l'exemple des

camarades sages ; — surtout, le travail qui chasse
les mauvaises pensées, l'éducation morale et religieuse, le bonheur de ne plus se savoir seuls sur
la terre, de se sentir protégés par des hommes qui
les suivront dans la vie et resteront, après leur
sortie de la colonie, leurs soutiens et leurs conseils.
Une fois, en effet, qu'un enfant a franchi la porte
de l'établissement, a pris l'uniforme, il est nôtre.
Quand il aura seize ou dix-huit ans, nous lui trou-
verons un emploi, nous le ferons engager dans les
armées de terre ou de mer. Plus tard, il s'établira,
se créera une famille. Il restera toujours le pupille
de l'Œuvre ; et s'il a besoin d'elle, il frappera à sa
porte. Elle ouvrira.

En dehors des soixante abandonnés de Saint-
Louis, nous avons sous notre patronage un grand
nombre d'enfants de quatorze à dix-huit ans, que
nous avons placés à la campagne. Leur direction
n'est pas une sinécure. Il faut leur trouver un maître
qui sache les élever, un métier à leur goût. Celui-ci
sera un parfait jardinier et un exécrable domestique ;
tel qui est né pour être maréchal-ferrant ne vaut
rien dans la pâtisserie ! D'où des changements de
garnison, des tâtonnements. Là encore, nous avons
été assez heureux. Dans le canton de Grignols,
notamment, nous avons une escouade de pupilles
qui gagnent fort honorablement leur vie, et que

surveille le Juge de paix, M. Pallard, notre dévoué correspondant.

Le fonctionnement d'une œuvre comme la nôtre, la mise en mouvement et l'entretien d'une colonie importante entraînent des dépenses considérables. C'est la charité seule qui les couvre. Je vous tends la main, lecteur ! Donnez pour que nous puissions élever les enfants que nous avons retirés du vice et de la misère ! Donnez pour que nous en sauvions d'autres ! Il y en a tant de ces pauvres petits qui courent sur la grande route qui mène au fort du Hà, à la maison centrale ou au bagne, et qu'il suffirait de prendre doucement par la main en leur disant : « Venez avec nous, tournez à droite, prenez ce sentier qui vous paraît difficile; il suffit pour le gravir d'un peu de courage, de quelques efforts; c'est le chemin de l'honneur et du bonheur. » Donnez... Mais, Dieu me pardonne, en secouant ainsi la sébile je tombe sous le coup de l'article 274 du Code pénal ! Mais non ! La mendicité n'est pas interdite dans les préfaces. C'est même (tant elle est pauvre !) la seule excuse de la mienne.

F. MARIN.

L'ENFANT

DEVANT LA JUSTICE RÉPRESSIVE

———+×+———

Depuis plus d'un siècle, la réforme des lois pénales préoccupe tous les peuples civilisés. Les philosophes, les jurisconsultes, par leurs écrits, ont signalé à l'attention du législateur ce qu'il y avait d'incomplet et de défectueux encore dans les législations pénales, et leurs efforts ne sont pas demeurés stériles.

Les principes de la science pure, exposés dans les livres, dans les revues, dans les débats des assemblées législatives, depuis le commencement du dix-neuvième siècle, se sont fait jour peu à peu, et ont gagné constamment, quoique lentement, du terrain. Sous la pression de l'influence qu'ils ont exercée sur les esprits, de nombreuses réformes, marquées au coin du progrès, ont été introduites graduellement dans le système répressif.

La France, redoublant d'efforts, a voulu garder

son rang à la tête des nations qui cultivent le droit.

Le Gouvernement a nommé une commission chargée de préparer la revision de notre Code pénal, et, par une circulaire récente, M. le Garde des Sceaux a invité les membres des Parquets à lui faire part des observations que l'expérience leur aurait suggérées sur les modifications qu'il conviendrait d'apporter dans notre Code pénal.

Les dispositions de ce Code relatives à l'enfant nous semblent devoir être surtout l'objet de la sollicitude de nos législateurs, et c'est à l'étude de cette partie de notre législation pénale que nous avons consacré ce modeste travail.

L'enfance a de tout temps eu ce rare privilège d'inspirer le plus vif intérêt. C'est qu'elle touche aux fibres les plus intimes de notre nature : elle nous étonne, comme un mystérieux problème, par l'éclosion et le développement de l'intelligence ; elle nous charme en nous rappelant le passé, qui est toujours cher, en nous montrant l'avenir, qui est toujours souriant.

Mais, d'autre part, notre esprit se révolte et notre cœur se resserre à la pensée de l'enfance vicieuse et criminelle. Nous hésitons à croire qu'elle puisse avoir prématurément la notion de l'intérêt, et ressentir l'étreinte des passions qui font les crimes. Et cependant, à cet égard encore, ce proverbe qu'il n'y a plus d'enfants se vérifie chaque jour et a été vrai de tout temps, en dépit de la formule.

Tous les jours nous avons l'occasion de constater, dans les grandes villes et dans les centres industriels, les progrès inquiétants de la démoralisation de l'enfance au milieu des classes pauvres.

Trop souvent, hélas! nous rencontrons dans les rues des enfants sur les visages desquels se manifeste une effronterie précoce, le pire des stigmates que le contact du vice puisse leur imprimer. Les places publiques sont encombrées de jeunes vagabonds qui fuient la contrainte de l'asile ou de l'école pour vivre au gré du hasard, et suivre librement l'impulsion de leurs mauvais instincts. La plupart du temps les parents encouragent, par leur coupable négligence, cet esprit d'indiscipline et de paresse. Si ces enfants étaient orphelins, la charité publique les appellerait à elle en leur ouvrant ses refuges hospitaliers; mais la bienfaisance ne peut rien contre l'existence nomade qui les séduit. Ainsi livrés à eux-mêmes et à leurs habitudes vicieuses, ils ne tardent pas à devenir le tourment et le fléau de leur voisinage : esclaves de toutes leurs fantaisies et d'une précoce perversité qui grandit avec eux, ils s'adonnent facilement au libertinage, à la rapine et à la mendicité; toutes les ruses leur sont familières; et plusieurs d'entre eux poussent jusqu'au génie l'art des petites déprédations.

Il existe, dans les grandes villes, un service important de l'Administration judiciaire, le service du Petit Parquet, où il faut aller passer quelques heures si l'on veut voir défiler devant soi les types si différents de l'enfance vicieuse et criminelle, et saisir ces types dans leur physionomie véritable. C'est là, mieux qu'à l'audience publique, où ils arrivent déjà assouplis et disciplinés par un séjour plus ou moins long sous les verrous, qu'il faut voir les jeunes délinquants et les faire causer, si l'on veut se rendre compte de leur vrai caractère. Que de fois il est arrivé au magistrat chargé de ce service de se retirer découragé par leur cynisme, ou attristé par une affectation gouailleuse, qui cachait peut-être une émotion et des larmes. Là aussi le magistrat a eu sous les yeux le douloureux tableau des misères morales dont l'enfant était à la fois le complice et la victime, mais dont la responsabilité première remontait souvent à d'autres que lui. Nombreuses sont, en effet, les suggestions pernicieuses et les coupables exploitations qui prennent naissance dans le sein même des familles. Si le spectacle de la souffrance imméritée émeut péniblement, il y a quelque chose de plus poignant encore dans celui de la corruption précoce et parfois inévitable, car ce spectacle trouble davantage la conscience et rend plus épais le mystère de ces lois obscures qui font parmi les hommes une répartition trop inégale non seulement des souffrances, mais des tentations.

Sans avoir à rechercher ici l'origine de ces infortunes humaines, nous devons reconnaître qu'il importe de lutter courageusement pour soustraire le plus de victimes possible à l'épidémie de dépravation qui a son siège dans les maisons des pauvres. L'enfant du pauvre n'est pas responsable de l'état où il vit ; il suit le sort de la famille sans avoir ni la conscience des faits, ni la faculté de choisir. Autant la réserve et la sévérité sont de mise envers ceux qui sont les auteurs de leur propre déchéance et en portent le poids tantôt avec une fierté cynique, tantôt avec une incurable apathie, autant il faudrait se montrer secourable envers des infortunés qui n'ont d'autre tort que celui de leur naissance, et que leur âge rend accessibles à de plus saines impressions. L'humanité ne parlât-elle pas en leur faveur, qu'un sentiment de prévoyance commanderait une semblable conduite. Cette classe, en effet, semble vouée au crime. C'est de ses rangs que sortent les escrocs, les voleurs émérites, les meurtriers même, qui vont peupler les établissements pénitentiaires ou expier leur forfait sur l'échafaud.

La question d'âge a une importance trop considérable pour que nous ne la traitions pas au point de vue de la science rationnelle, avant de l'examiner au point de vue de la législation positive et de la jurisprudence.

Si l'homme vient au monde avec des facultés intellectuelles et morales, ces facultés ne se développent que peu à peu, insensiblement, pour ainsi dire. La raison participe de la longue faiblesse du corps, elle n'atteint pas d'un seul bond toute sa puissance ; sa marche est lente et progressive.

Sans volonté, sans discernement à son entrée dans la vie, l'homme n'est pas encore responsable de ses actions ; il ne peut en apprécier la valeur morale et en saisir la portée, parce que son intelligence et sa liberté ne sont pas complètement éveillées.

Si on n'avait qu'à déterminer l'influence de l'âge sur les conditions de l'imputabilité et de la culpabilité suivant la science rationnelle, il serait facile d'établir la règle scientifique : lorsque l'enfant agit manquant de la liberté et de la raison morale, il y a non imputabilité ; lorsqu'il agit dans l'exercice de ces deux facultés sans que sa raison soit parvenue encore à son entière maturité, il y a culpabilité moindre.

Mais il faut avouer qu'il est difficile de faire l'application de cette règle en droit positif.

En fait, il est impossible de fixer d'une manière certaine l'époque précise où la lumière intellectuelle se produit, pour que la raison puisse peser les conséquences de nos actes et la conscience en juger la moralité. Les décisions diverses des législateurs en sont une preuve convaincante.

Comment donc déterminer l'âge qui sert de point de départ à la responsabilité pénale?

Ce n'est que par induction qu'on peut arriver à reconnaître le degré d'intelligence de l'enfant : c'est par la comparaison des discours, des actes de l'enfant avec nos discours et nos actes, que nous jugerons s'il comprend le mal, s'il discerne le bien. Mais combien nos jugements à cet égard pourront être erronés! Pour apprécier la moralité d'un enfant, il faut distinguer entre le développement du sens moral et celui de l'intelligence : chez certains enfants, l'intelligence a devancé quelquefois le sens moral. En commettant un délit, ils ne verront qu'une malice, sans s'apercevoir de la gravité du mal moral ; chez d'autres, au contraire, l'intelligence est encore très bornée, et le sens moral est cependant fort développé : par un mouvement très pur, incontestablement, ils pourront commettre un acte répréhensible, parce qu'ils n'en connaîtront pas l'illégitimité.

On ne pourra donc jamais bien savoir si l'enfant a eu conscience de la moralité de ses actes, s'ils sont le résultat d'une volonté éclairée et perverse à la fois. Quant aux apparences purement extérieures, elles ne peuvent être d'aucun secours. Le développement physique n'est pas toujours en harmonie avec le développement de l'intelligence.

Observons encore que les facultés intellectuelles de l'enfant se développent plus ou moins rapidement, suivant que son éducation est soignée ou négligée : il arrive même fréquemment que des enfants recevant la même éducation et la même instruction, et dont l'organisation physique est à peu près semblable, présenteront au point de vue intellectuel et moral une grande différence.

Les limites dans lesquelles est conçu notre essai ne nous permettent pas de grouper et d'apprécier les résultats auquels sont parvenus des hommes éminents dans la vaste sphère de la philosophie du droit criminel. Notre tâche est circonscrite, et nous devions nous borner à exposer très succinctement ces quelques considérations générales.

Un rapide coup d'œil sur les législations des sociétés disparues jettera peut-être quelque lumière sur notre sujet.

A Athènes, si l'Aréopage punit de mort un enfant qui avait crevé les yeux à des cailles, il est permis de penser que des sentences de cette nature n'étaient pas souvent portées, et que l'Aréopage se fût à la

longue aperçu, comme Quintilien, qui en fait la
réflexion, que cet acte de cruauté n'était pas un
indice absolument certain de la perversité future
de l'enfant (¹).

Une pareille condamnation ne peut s'expliquer
que par la dangereuse et immorale théorie de l'inti-
midation à outrance, admise et préconisée par tous
les orateurs athéniens. Et cependant, les historiens
et les philosophes de l'antiquité se plaisent à vanter
la douceur et l'humanité des Athéniens. Au milieu
de l'égoïsme systématique de la civilisation païenne,
la ville de Minerve avait placé la Pitié au nombre
des déesses auxquelles elle rendait un culte public.

Les jurisconsultes romains, pour donner toujours
à la loi une apparence scientifique, avaient divisé le
cours entier de la vie humaine en périodes de sept
années. L'enfance occupait la première période, la
puberté la seconde. Ces quatorze premières années
furent appelées impuberté. Les jurisconsultes,
avides de comparaison et d'analogie, assimilaient
l'impuberté tantôt à l'état de fureur et de démence,
tantôt, avec plus de justesse, à l'imprudence ou à
l'ignorance. Ils établirent en principe que les impubères étaient comme les fous et comme ceux qui ne
savent pas ce qu'ils font, incapables de dol (²).

(¹) Quintilien, *Instit. orat.*, V. 9.
(²) L. 2 § 19, D. XLVII, viii.

On divisa la seconde période. La première moitié des sept années dont elle se compose fut réunie à l'enfance et à l'abri de toute punition. L'autre moitié, plus voisine de la puberté, fut réunie aux sept années qui vont jusqu'à la majorité, et fit avec elles une seule période pendant laquelle, disait-on, l'homme est sans doute capable de dol, mais non de dol complet. Il y avait donc pour cette période une excuse remise à l'arbitraire du magistrat qui, modérant alors sa sévérité, accordait quelque faveur à l'accusé et mitigeait la peine.

Si nous consultons les monuments les plus anciens de notre droit, nous trouvons dans la loi des Bourguignons (¹) que lorsque les enfants des brigands n'ont pas atteint, au jour de la perpétration de l'infraction, l'âge de dix ans, ils sont regardés par la loi comme irresponsables et ne sont point poursuivis quand ils n'ont pas dénoncé leurs parents.

Dans une disposition d'un capitulaire de Louis le Pieux il est dit que l'enfant qui est au-dessous de douze ans n'encourt aucune responsabilité (²).

Il ressort également d'une disposition contenue dans l'article 281 du Forz de Béarn, que les mineurs de quatorze ans n'étaient pas poursuivis pour vol.

(¹) Tit. 47, chap. II.
(²) 819, *De interpretatione legis Salicœ*, t. V, Baluze, t. I, p. 618.

Les criminalistes des xvi⁰, xvii⁰, xviii⁰ siècles reconnaissent tous qu'il est un âge tellement peu avancé, que le discernement doit être déclaré d'une manière générale ne pas exister. La question de discernement devait nécessairement être examinée jusqu'à l'époque où le sens moral acquiert tout son développement. On connaît l'épreuve à laquelle le juge soumettait l'enfant accusé de vol: il lui présentait une pomme et un écu; si l'enfant prenait la pomme, il était déclaré incapable de dol. Cette épreuve n'est pas à l'abri de la critique.

De nombreux arrêts de notre ancienne jurisprudence font défense de procéder extraordinairement contre les impubères. Cependant, au cas de vol, l'usage était d'arrêter les impubères et de les retenir en prison à cause des complices; on les condamnait même quelquefois, et dans les cas les plus graves, au fouet sous la custode, ou à être enfermés à temps ou pour toujours, même à être exposés à une potence, pendus sous les aisselles, suivant les circonstances (¹).

Nous croyons devoir rapporter ici des règles relatives à cette matière et qui appartiennent à des monuments remarquables de la législation étrangère.

(¹) Muyart de Vouglans, p. 27; Rousseaud de la Combe, p. 59; Joussa, t. II; Pastoret, *Lois pénales*, t. II, p. 148.

Pour le meurtre, les coups et les blessures, le vol, le législateur espagnol faisait commencer l'âge de discernement à dix ans et demi, et encore la peine devait-elle être beaucoup plus légère que pour un adulte. Au-dessous de cet âge, il n'y avait lieu à aucune accusation légale ([1]).

L'empereur Frédéric II dit aussi que l'enfant, à cause de l'innocence propre à cet âge, ne peut être coupable de meurtre ([2]).

Dès le XIIIᵉ siècle, la loi danoise n'avait pas vu de coupables au-dessous de quinze ans ([3]), et le statut de Lucques, de l'an 1538, limitait la période d'irresponsabilité à dix ans et demi.

Nous arrivons maintenant à une période de rénovation, et il convient d'examiner les dispositions des lois édictées après la révolution de 1789.

L'Assemblée constituante, dans son Code pénal de 1791, se sépara de tous les précédents. Elle introduisit le système encore en vigueur chez nous aujourd'hui : une limite unique, seize ans accomplis; d'où seulement deux périodes, l'une au-dessous, l'autre au-dessus de cet âge.

Le Code pénal de 1791, sur ce point, était ainsi conçu : « Lorsqu'un accusé, déclaré coupable par le

([1]) *Partidas du roi Alphonse*, VII, ley 9.
([2]) *Const. Sicular;* lib. I, tit. XIII.
([3]) *Kolderup Rosenvinge*, etc., p. 222.

» jury, aura commis le crime pour lequel il est
» poursuivi avant l'âge de seize ans accomplis, les
» juges décideront, dans les formes ordinaires de
» leurs délibérations, la question suivante : le cou-
» pable a-t-il commis le crime avec ou sans discer-
» nement (¹)? »

Puis dans les articles suivants, 2, 3 et 4 du même
titre, se trouvaient réglées les conséquences de la
réponse. C'est ce système qui a passé dans le Code
pénal de 1810.

Nous allons maintenant passer en revue les dispositions des Codes étrangers. Nous y sommes
entraîné par l'objet même de ce travail, puisque
nous nous proposons de rechercher s'il n'y a pas
lieu de modifier certaines dispositions de notre Code
pénal relatives à l'enfant. Notre but n'est point de
nous livrer avec la loi qui nous régit à une comparaison stérile et purement théorique, mais de procéder à une étude pratique sur cette partie de la
législation pénale, en étudiant ce qui se fait ailleurs
que chez nous.

Dans le Code pénal autrichien, les enfants qui
n'ont pas accompli leur dixième année sont con-
sidérés comme irresponsables des infractions qu'ils
ont commises. Depuis onze ans jusqu'à quatorze

(¹) Part. I., t. V, art. 1.

ans, les délits dont ils sont prévenus sont regardés et punis comme des contraventions de police. Mais à partir de quatorze ans, les enfants rentrent dans le droit commun et on leur fait application des mêmes peines qu'aux majeurs ([1]).

La loi anglaise limite à sept ans la période d'irresponsabilité. Depuis sept ans jusqu'à quatorze ans, l'enfant est soumis à la recherche du discernement. Cependant les peines sont moins rigoureuses à son égard. A partir de quatorze ans, le mineur devient passible des mêmes peines que le majeur ([2]).

Pour les délits punis de mort, la loi anglaise frappe le coupable âgé de huit ans révolus. Elle ne les punissait autrefois que passé l'âge de douze ou quatorze ans. A la vérité, elle laisse aux jurés la faculté de décider s'il y a complet discernement et intention vraiment coupable. Mais les jurés peuvent ne pas user ou mal user de cette faculté. Pourquoi donc la leur accorder? Aussi a-t-on vu des enfants de neuf et dix ans condamnés à mort.

Le Code du Tessin de 1872 (art. 49) étend jusqu'à la dixième année la période d'irresponsabilité. Le Code de Zurich de 1871 (§ 45) porte la période d'irresponsabilité jusqu'à douze ans; le Code du

---

([1]) C. pénal d'Autriche, Ire partie, art. 2, et IIe partie, art. 4.
([2]) Blackstone, *Comment. sur les lois anglaises,* t. II, p. 60, de la traduction de Chompré.

Valais (art. 89), le Code de Vaud (art. 51), le Code de Fribourg (art. 52) et le Code des Grisons (§ 45, nº 1), jusqu'à l'âge de quatorze ans.

Les Codes du Pérou et de la Bolivie limitent à sept ans l'irresponsabilité.

Le Code pénal d'Espagne regarde comme irresponsable l'enfant jusqu'à l'âge de neuf ans, et la peine est atténuée jusqu'à dix-huit ans. Dans les nouveaux projets de Code pénal espagnol de 1884 et 1885, un acte n'est pas imputable à son auteur lorsqu'il émane d'un mineur de neuf ans ; il en est de même à l'égard d'un enfant âgé de plus de neuf ans et de moins de quinze, pourvu que l'acte n'ait pas été commis avec discernement. Dans ce cas, le tribunal devra se prononcer expressément sur la question de discernement, en vue soit d'appliquer une peine, soit de déclarer le fait non imputable ; quand le mineur est déclaré irresponsable, il est remis à sa famille avec injonction de le surveiller et de l'élever. S'il n'a point de famille, il est placé dans un établissement de correction pour jeunes gens ou dans un établissement de bienfaisance destiné à l'éducation des enfants orphelins ou abandonnés, et il y reste tout le temps fixé par le tribunal, eu égard aux circonstances.

D'après le Code pénal du Portugal, l'enfant est irresponsable jusqu'à l'âge de sept ans (art. 23).

Le mineur de quatorze ans qui a agi sans discernement est remis, suivant les cas, ou à ses père et mère, parents et tuteur, ou il est emprisonné dans une maison de correction pour le temps qui est indiqué par le jugement (art. 73).

Le mineur de quatorze ans qui a commis un crime entraînant une des peines majeures est condamné, lorsqu'il a agi avec discernement, à l'emprisonnement, avec ou sans travail, pour une durée de dix années au plus (art. 73). Si la peine du crime est correctionnelle, la peine prononcée ne peut être supérieure à la moitié de celle qui serait prononcée si le coupable était âgé de plus de quatorze ans (art. 73). Dans ces deux cas, le mineur peut être placé pendant dix ans sous la surveillance spéciale de la police (art. 73, § 2).

La peine de mort ne peut jamais être appliquée aux mineurs de dix-sept ans : elle est remplacée par celle de l'emprisonnement à perpétuité avec travail. En aucun cas, la peine des travaux publics n'est prononcée contre des mineurs de dix-sept ans.

Notre sujet est surtout intéressant à étudier dans les Codes de l'Europe dont la promulgation est la plus récente.

Le nouveau Code pénal de la Russie a été promulgué par un ukase du 5 mai 1866. Le droit pénal russe est aujourd'hui au niveau de celui des nations les plus avancées, et, s'il s'en distingue, c'est par une plus minutieuse détermination des éléments du délit et de la culpabilité, et parfois par plus de modération dans le châtiment.

La loi russe reconnaît que les enfants au-dessous de sept ans révolus ne sont passibles d'aucune peine pour les délits qu'ils commettent. Ils sont remis à leurs père et mère, tuteurs ou proches parents, pour être ultérieurement instruits par eux des conséquences pénales attachées à des actes semblables (art. 94).

Les enfants entre sept et dix ans ne sont point passibles des peines édictées par le Code, mais remis à leurs père et mère ou autres parents dignes de confiance, en vue d'une correction domestique. Il en est de même pour les enfants entre dix et quatorze ans, lorsque le tribunal reconnaît qu'ils ont agi sans discernement.

Lorsqu'un délit a été commis par un mineur âgé de plus de quatorze ans et de moins de dix-sept, et que le tribunal estime qu'il a agi sans un complet discernement, il est ou bien soumis à des peines atténuées, ou, si le tribunal le juge à propos, enfermé soit dans un asile de correction, soit même dans une prison pour seize mois au plus, mais sans aucun contact avec les condamnés majeurs (art. 137, 138, 152).

Dans une disposition pleine de sagesse, et que nous souhaitons de voir introduire dans notre Code pénal, le législateur russe décide que lorsqu'il est établi que le mineur a été entraîné au crime par un majeur, la peine peut être abaissée par le président d'un ou de deux degrés.

Les délits commis par imprévoyance n'entraînent, pour les mineurs de quatorze à vingt et un ans, qu'une correction domestique réglée par leurs parents ou tuteurs.

Les enfants de dix à quatorze ans et les autres mineurs qui, après avoir été condamnés et punis à raison d'un délit, commettent après coup soit le même délit, soit un délit plus grave, sont passibles, pour cette récidive, des mêmes peines que les majeurs.

Le Code pénal de la Belgique de 1867 a maintenu l'âge de seize ans comme la limite au-dessus de laquelle commence la pleine responsabilité de l'homme. Il a cependant décidé que la peine de mort ne serait jamais prononcée contre un mineur de dix-huit ans accomplis au moment du crime, mais devrait être remplacée en pareil cas par celle des travaux forcés à perpétuité (art. 77).

Dans l'article 225 du Code pénal belge, il est déclaré que les dispositions de ce Code relatives aux fausses déclarations en justice ne sont pas applicables aux enfants âgés de moins de seize ans. En édictant l'article 225, le législateur belge a pensé que les délits naturels ou d'immoralité se distinguent entre eux par une notable différence. Quant aux uns, tels que le meurtre et le vol, les plus simples notions de la morale suffisent pour en révéler la criminalité, tandis que pour apercevoir les violations de droit que renferment les autres, tels que les crimes et les délits contre la foi publique, ces notions ont besoin d'être plus développées.

Le système de la loi belge, en ce qui concerne le mineur de seize ans, est à peu près celui de la loi française.

Trois alternatives sont possibles :

Il peut y avoir déclaration de culpabilité, et alors il y a un acquittement pur et simple.

Il peut aussi intervenir une déclaration de culpabilité, mais avec cette restriction que le coupable a agi sans discernement, et, dans ce cas, il y a encore acquittement; toutefois, l'enfant peut, d'après les circonstances, être mis à la disposition du gouvernement pour un temps qui ne dépassera pas l'époque où il atteindra sa vingt et unième année; il sera placé dans un des établissements spéciaux de réforme ou dans un établissement de charité (art. 72). Le gouvernement pourra le renvoyer à ses parents si, dans la suite, il présente des garanties suffisantes de moralité.

Lorsque le mineur est déclaré coupable et qu'il a agi avec discernement, il doit être frappé d'une peine, mais son âge est une cause d'atténuation. La loi belge, sauf des différences peu importantes qui résultent des modifications introduites dans l'échelle des peines, reproduit en ce point la loi française.

Le Code pénal de l'empire d'Allemagne du 15 mai 1872 diffère à plusieurs points de vue du Code pénal français, en ce qui concerne l'influence que l'âge peut exercer sur la culpabilité de l'agent. Tandis que, suivant notre législation pénale, la vie humaine est divisée en deux périodes : la première, celle du doute sur l'intelligence de l'agent, l'autre, celle d'imputabilité absolue, le Code pénal allemand distingue trois périodes. La première est celle de non-culpabilité; la seconde, celle de doute; la troisième, celle d'imputabilité absolue.

La première période comprend le temps qui s'écoule depuis la naissance jusqu'à l'âge de douze ans révolus. Alors que, dans la législation française, aucune disposition n'empêche les poursuites contre un tout jeune enfant, le Code pénal allemand décide, au contraire, que l'enfant âgé de moins de douze ans n'encourt aucune responsabilité.

La seconde période commence à douze ans révolus

et finit à dix-huit ans révolus. Le législateur admet que pendant cette période un doute puisse s'élever sur la question de savoir si les facultés intellectuelles chez l'agent sont assez développées pour que l'infraction dont il est l'auteur puisse lui être imputable ou non. Alors, comme c'est le cas dans notre Code pénal pour la première période, la question de discernement est posée au juge.

L'agent est-il reconnu avoir agi sans discernement, son acquittement doit être prononcé. Dans ce cas, le juge peut faire remettre l'adolescent à sa famille, ou bien décider qu'il sera renfermé dans un établissement d'éducation ou de correction. La période de temps qu'il doit y passer n'est pas fixée par le jugement, comme l'exigent le Code pénal français et plusieurs autres Codes de l'Europe. C'est à l'Administration pénitentiaire qu'est laissé le soin d'en déterminer la durée. Dans tous les cas, le détenu doit être mis en liberté lorsqu'il a atteint l'âge de vingt ans.

Lorsqu'on a reconnu, au contraire, que l'agent a agi avec discernement, la peine qui lui est appliquée est réduite dans les proportions suivantes : au cas où le fait incriminé est puni de mort ou de la réclusion à perpétuité, ces peines sont remplacées par l'emprisonnement de trois à quinze ans. Lorsqu'il y a lieu à prononcer la condamnation à la détention dans une forteresse, à perpétuité, cette peine n'est pas convertie en une autre, mais bien réduite à une durée de trois à quinze ans de la même peine. Toutes les autres peines sont remplacées par une peine qui ne peut dépasser la moitié du maximum et ne peut être au-dessous du minimum de celle qui est édictée. Lorsque la peine ainsi déterminée est celle de la réclusion, elle doit être convertie en emprisonnement.

Au cas de délit ou de contravention, lorsque le fait incriminé est de peu de gravité, le juge peut se borner à prononcer, en lieu et place de toute autre peine, une simple réprimande contre le prévenu.

Sauf cet adoucissement considérable de la répression au cas de délits et de contraventions, et certaines différences de détail relativement à la durée des peines privatives de la liberté, le système du Code allemand, en ce qui concerne l'agent mineur qui a agi avec discernement, ne diffère pas beaucoup de celui adopté par le Code pénal français dans la même hypothèse.

Mais où les deux législations se séparent profondément sur ce sujet l'une de l'autre, c'est au point de vue de la limitation ou de la restriction des droits qui peut atteindre l'agent en dehors de la peine principale.

Quant au mode d'exécution des peines privatives

de la liberté prononcées contre l'agent majeur de douze et mineur de dix-huit ans, le législateur décide qu'elles seront subies dans des établissements spéciaux destinés à recevoir les jeunes détenus.

Dans la troisième période, qui commence à partir de dix-huit ans, la responsabilité pénale de l'agent reste entière, et la peine qu'il a encourue lui est appliquée alors dans toute sa rigueur et sans atténuation aucune.

Ainsi, dans le Code pénal allemand, la majorité pénale précède toujours la majorité civile et ne coïncide pas avec elle.

Dans le Code pénal hongrois du 14 juin 1879, l'âge, jusqu'à douze ans, est une cause absolue d'irresponsabilité. De douze à seize ans s'étend une période douteuse pendant laquelle les tribunaux ont à résoudre la question de discernement. Si le mineur a agi avec discernement, son âge devient une cause d'atténuation, et la peine qu'il a encourue doit être abaissée dans une notable proportion. Dans le cas contraire, il doit être acquitté, mais il peut être détenu dans une maison de correction jusqu'à ce qu'il ait atteint sa vingtième année.

Les rédacteurs du nouveau Code pénal des Pays-Bas ont voulu faire une œuvre originale et nationale. Ils ont supprimé les peines infamantes, et la distinction entre les délits et les crimes n'existe plus. Les circonstances atténuantes ont disparu. Par contre, le minimum de la peine est réduit à sa plus simple expression et uniformément dans tous les cas.

Le législateur néerlandais a innové, reste à savoir jusqu'à quel point l'expérience lui donnera raison et justifiera ses innovations.

Dans ce Code, un enfant n'est pas poursuivi en justice pour un fait commis avant l'âge de dix ans.

Si le fait commis rentre dans la qualification d'un délit emportant l'emprisonnement et pouvant être poursuivi autrement que sur plainte, ou constitue la contravention spécifiée par la loi, le juge civil, à la requête du ministère public, peut ordonner que l'enfant soit placé dans un établissement d'éducation de l'État jusqu'à l'âge de dix-huit ans au plus.

Le même juge peut toujours ordonner la mise en liberté.

En cas de poursuite criminelle dirigée contre un enfant à raison d'un fait commis avant l'âge de seize ans, le juge examine s'il a agi avec discernement. S'il n'est pas évident qu'il ait agi avec discernement, aucune peine ne lui est appliquée.

Si le fait rentre dans la qualification d'un délit emportant l'emprisonnement et pouvant être poursuivi autrement que sur plainte, le juge peut ordonner que l'enfant soit placé dans un établissement d'éducation de l'État jusqu'à l'âge de dix-huit ans au plus.

Nous terminerons cet examen des législations étrangères par l'étude de notre sujet dans le nouveau Code pénal italien publié le 30 juin 1889.

La législation de l'Italie, qui s'intitule à bon droit *La Patria del diritto penale*, paraît très sage et très morale dans ses dispositions concernant le mineur considéré au point de vue de la responsabilité pénale.

Le législateur italien a distingué, relativement à l'imputabilité, cinq périodes dans la vie humaine. Dans la première, jusqu'à neuf ans, l'imputabilité n'existe pas; dans la deuxième, de neuf à quatorze ans, elle est douteuse; dans la troisième, de quatorze à dix-huit ans, et dans la quatrième, de dix-huit à vingt et un ans, elle est certaine, mais à un moindre degré que l'imputabilité ordinaire; dans la cinquième (vingt et un ans), elle est entière.

Comme on le voit, en Italie la peine est abaissée pour le mineur qui a atteint l'âge au delà duquel la question de discernement n'est plus examinée. Sous l'empire de cette idée que l'intelligence, se développant graduellement, n'atteint jamais sa maturité avant l'âge de la majorité légale, la pénalité est modifiée pour le mineur de quatorze à dix-huit ans et pour celui de dix-huit à vingt et un ans, dans les proportions que nous allons indiquer plus loin.

Dans le Code du royaume d'Italie, jusqu'à l'âge de neuf ans l'imputabilité n'existe pas : l'enfant est, dans cette période, réputé inconscient de ses actes, sans qu'il soit besoin de rechercher s'il a pu discerner le bien du mal. Toutefois, lorsque le mineur a commis un délit qui emporte la peine des travaux forcés à perpétuité *(ergastolo)*, de la réclusion ou de la détention, le président du Tribunal civil peut, sur les réquisitions du Ministère public, ordonner qu'il sera placé jusqu'à sa majorité dans un établissement d'éducation et de correction, ou le remettre à ses parents ou tuteur, qui devront l'élever et le surveiller sous peine d'amende.

De neuf à quatorze ans, l'imputabilité paraît douteuse au législateur; elle est subordonnée à l'appréciation, par le juge, de l'existence ou de l'inexistence du discernement de l'enfant. Cette période correspond à la minorité de seize ans de notre article 66. Lorsqu'il est décidé que le mineur a agi sans discernement, il n'est passible d'aucune peine, mais si le fait qu'il a commis est puni de la peine des travaux forcés à perpétuité, de la réclusion ou de la détention, il doit être placé dans une maison d'éducation et de correction pour un temps qui n'excédera pas sa majorité : il peut être remis à ses parents ou tuteur, qui seront tenus, sous peine d'amende, de s'occuper de son éducation et de veiller sur sa conduite.

. Lorsque l'enfant a agi avec discernement, à la peine des travaux forcés à perpétuité on substitue celle de la réclusion de six à quinze ans. Si la peine est temporaire et dépasse douze ans, elle est appliquée pour une durée de trois à dix ans. Lorsqu'elle est supérieure à six ans, mais inférieure à douze ans, elle est appliquée au mineur pour une durée de un à cinq ans. Dans tous les autres cas, on inflige au mineur la moitié de la peine édictée.

La peine pécuniaire est réduite de moitié.

Dans cette période, l'interdiction des droits civils et politiques n'est jamais prononcée, et le mineur n'est point placé sous la surveillance spéciale de « l'Autorité de Sûreté publique ».

De quatorze à dix-huit ans, l'imputabilité est certaine : la question de discernement n'est plus agitée. Néanmoins, à cause de l'âge, la peine est modifiée. A la peine des travaux forcés à perpétuité on substitue celle de la réclusion de douze à vingt ans. Lorsqu'il s'agit d'une peine temporaire supérieure à douze ans, on l'applique pour une durée de six à douze ans. Lorsqu'elle dépasse six ans, mais est inférieure à douze ans, on l'applique pour une durée de trois à six ans; dans les autres cas, la peine est réduite de moitié.

La peine pécuniaire est diminuée d'un tiers.

Si, à l'époque de la condamnation, le coupable n'a pas encore atteint sa dix-huitième année, le juge peut ordonner qu'il exécutera sa peine dans une maison de correction. L'interdiction des droits civils et politiques et la surveillance de l'Autorité de Sûreté publique ne sont pas prononcées.

Le coupable de dix-huit à vingt et un ans est, lui aussi, traité favorablement, et la pénalité est modifiée dans son application à son égard. La peine des travaux forcés à perpétuité est remplacée par celle de la réclusion pour une durée de vingt-cinq à trente ans. Les autres peines sont diminuées d'un sixième.

Enfin, nous trouvons dans l'article 21 du nouveau Code pénal italien une heureuse innovation du législateur : elle a trait à l'exécution de la peine de l'arrêt *(arresto)*, qui peut être prononcée pour une durée de un jour à deux ans. Lorsqu'il est fait application de cette peine aux mineurs qui ne sont pas en état de récidive, le magistrat peut décider qu'elle sera subie dans leur habitation.

Ainsi que nous venons de le montrer, bien des améliorations relatives à l'enfant existent dans la plupart des Codes de l'Europe, qui sont encore discutées dans notre pays.

Le législateur de 1810, jaloux de la défense du droit, n'a pas reconnu dans le premier âge de la vie une période d'irresponsabilité absolue. Quelque jeune qu'il soit, l'enfant doit être poursuivi et condamné si le juge décide qu'il a agi avec discernement. C'est une question à résoudre dans chaque cas particulier : l'âge n'est pas une immunité légale.

Le législateur a fixé à seize ans révolus l'époque à laquelle cesse la minorité en matière pénale; le principe qu'il a adopté est celui-ci : l'agent qui n'a pas seize ans accomplis est supposé n'avoir pas le discernement suffisant pour être légalement responsable de ses actes au point de vue de la sanction pénale. Toutefois, cette présomption ne lie pas le juge, qui peut l'exclure, en proclamant que le mineur de seize ans a agi avec discernement (art. 66).

Même dans cette période de la vie limitée à seize ans, le législateur, en admettant qu'on peut être capable de dol, a soumis indistinctement l'auteur du fait aux poursuites, et puis à la condamnation, si le juge, dans sa conscience, reconnaît l'existence du discernement.

Le système de notre Code pénal ne pourrait-il pas être utilement modifié en ce qui concerne la première enfance? N'y a-t-il pas un âge où l'intelligence est si faible que l'agent doit être tenu pour absolument irresponsable, sans qu'il soit besoin de rechercher s'il a pu discerner le bien du mal?

Nous n'hésitons pas à déclarer que, dans la période de présomption d'innocence de l'enfant, il est une distinction que la loi n'a pas faite, et que semblent réclamer à la fois la justice et l'humanité. Il est un âge, celui de la première enfance, où l'innocence ne doit pas seulement être présumée, mais encore doit être tenue pour certaine.

Si le rédacteur de notre Code pénal n'a établi aucune immunité légale en faveur de la première enfance, par des circulaires ministérielles rappelées avec tant d'à-propos le 11 mars 1876 par l'éminent Garde des Sceaux Dufaure, il est recommandé aux magistrats qui dirigent l'action publique de s'abstenir, à moins de circonstances exceptionnellement graves, de poursuivre des enfants âgés de moins de huit ans. Aussi les poursuites contre les jeunes délinquants sont-elles excessivement rares. Sans parler de l'indulgence qu'ils sont toujours disposés à témoigner pour les fautes de l'enfance, les magistrats du Parquet et les magistrats instructeurs craignent avec raison qu'une poursuite contre un enfant de moins de huit ans n'ait pas d'effet utile, et qu'elle n'aboutisse qu'à un acquittement.

L'opinion ne s'est pas encore établie en France dans le public, ni même parmi les tribunaux, que mieux vaut pour un enfant une condamnation en apparence sévère, mais qui, étant prononcée contre lui de bonne heure, le soustrairait aux tentations de la rue et à l'influence souvent fâcheuse de la famille, que la prolongation d'une existence vagabonde dont le dénouement sera tôt ou tard la prison. D'ailleurs, les magistrats n'ont pas toujours, et non sans raison, grande confiance dans l'efficacité de la condamnation qui serait prononcée contre l'enfant. La peine est-elle de courte durée, elle sera inutile; l'enfant est-il envoyé pour plusieurs années dans une colonie correctionnelle, que vaudra le régime de la colonie? N'en résultera-t-il pas pour lui une flétrissure irréparable? Aussi n'est-ce qu'après de douloureuses hésitations, qui parfois se prolongent pendant plusieurs audiences, et dans l'espoir que quelque parent ou quelque personne charitable viendra s'offrir à prendre soin du pauvre délaissé, que les tribunaux se décident à prononcer la détention.

Pour notre part, nous pensons que les mineurs de neuf ans doivent être exempts de toute poursuite et de toute peine.

Si notre système français est conforme à la vérité *réelle* et au principe de justice morale, l'intérêt social qui doit limiter son exercice est loin d'exiger la poursuite d'un enfant de sept ou huit ans. Sa condamnation ne sera-t-elle pas toujours une cause de scandale? C'est une exception si rare que le discernement à cet âge!

En 1832, à la Chambre des Pairs, on proposa de juger les mineurs de sept ans hors de leur présence et à huis clos; le remède était à la fois singulier et timide : la proposition fut écartée.

La loi ne doit point laisser traduire en justice, et soumettre à la recherche du discernement, des enfants chez lesquels le discernement est impossible. Elle ne doit pas permettre que leur vie soit flétrie à l'avance par un jugement public, lorsque leur innocence est évidente. C'est une éducation qu'il faut donner à ces petits infortunés. On ne peut songer à leur infliger une peine.

En insérant à cet égard une disposition dans notre Code pénal, le législateur français ne fera que suivre l'exemple des législateurs étrangers, et nous appelons de tous nos vœux une semblable réforme. Qu'on ne vienne pas nous dire que si la réforme législative réclamée devient un fait accompli, il faudra se résigner à souffrir en silence les nombreuses atteintes portées à l'ordre public par les plus jeunes bandits de la rue, qui seront d'autant plus entreprenants qu'ils se sentiront inviolables et munis d'un brevet légal d'impunité. De pareilles craintes nous paraissent chimériques. Il appartiendra au Gouvernement de prendre des mesures de préservation sociale pour se mettre à l'abri des dommages et des violences inconscientes, mais quelquefois dangereuses, de ces enfants.

Nous déplorons, quant à nous, la nécessité d'emprisonner une multitude de petits malfaiteurs à qui leur âge et leur délaissement auraient dû enlever la responsabilité de leurs actes.

Adversaire d'une répression inefficace la plupart du temps, et dont les bons effets sont très contestables, nous nous demandons s'il ne vaudrait pas mieux prévenir toutes ces fautes de l'enfance, que d'être réduit à les châtier! N'y aurait-il pas lieu de créer des établissements d'une espèce nouvelle qui tiendraient à la fois de la maison des pauvres, de l'école primaire et de l'atelier? Là, des enfants qui ne vivent que de mendicité et de rapine trouveraient la nourriture du corps et celle de l'esprit, et on leur offrirait l'apprentissage d'un métier à leur choix.

Au-dessus de seize ans, le mineur est majeur, aux termes de la loi pénale. La responsabilité de l'agent est complète. Au-dessous, le juge du fait doit analyser les circonstances du délit et décider si la loi a été transgressée avec le discernement nécessaire. Au cas de la négative, le mineur de seize ans est exempt de peine; mais on peut prendre à son égard des mesures préventives. S'il y a eu discernement, on applique au jeune délinquant des peines modérées. Ce système suppose l'éveil de la conscience à un âge trop inférieur à celui de la majorité civile, et il n'admet pas une gradation suffisante dans le développement moral de l'agent. Il y aurait lieu, selon nous, de ne plus considérer l'âge de seize ans comme la majorité en matière criminelle, et de reporter à l'âge de dix-huit ans l'excuse attachée à la jeunesse et à la présomption favorable qui oblige à résoudre la question de discernement avant l'application de toute pénalité.

A dix-huit ans, l'homme peut concourir à l'acte le plus important de la vie sociale, le mariage; on doit donc supposer qu'il a dès ce moment la plénitude de son intelligence, et par suite le déclarer entièrement responsable de ses actes. Avant cette époque, quelques êtres privilégiés peuvent avoir acquis leur complet développement; il n'en est pas de même pour la généralité des individus, et il semble équitable, dès lors, puisque le degré d'intelligence détermine le degré de criminalité, que la peine à infliger à un coupable de moins de dix-huit ans soit toujours inférieure à celle encourue par le coupable ayant dépassé cet âge.

En outre, nous estimons que bien qu'un individu ayant atteint dix-huit ans puisse être rendu responsable de tous ses actes, sa jeunesse et son inexpérience doivent entraîner pour lui une diminution de peine.

Au-dessus de l'âge de dix-huit ans, la question de discernement ne serait plus examinée, mais les magistrats devraient être autorisés à appliquer aux jeunes gens ayant plus de dix-huit ans et moins de vingt et un ans, les dispositions indulgentes de l'article 67. C'est ainsi que nous désirerions voir le législateur décider, comme cela se pratique dans d'autres pays, que la peine de mort ne sera pas appliquée à des mineurs de vingt et un ans, excepté pour le crime de parricide. La fougue, les passions de la jeunesse qui trop souvent voilent l'intelligence et étouffent la voie de la conscience, l'espoir de parvenir au relèvement moral de l'accusé, tout commande à la société d'user d'indulgence envers de pareils coupables et de leur épargner le dernier supplice. Comme le dit Rossi, la peine de mort exécutée sur des enfants de cet âge serait un acte affligeant pour l'humanité, et qui n'aurait jamais l'assentiment de la conscience publique.

Ce que nous venons de dire pour la peine de mort, nous le répéterons à l'égard des peines perpétuelles appliquées à des mineurs de vingt et un ans. D'une part, la jeunesse du coupable atténue nécessairement sa faute et, d'un autre côté, cette jeunesse elle-même ne fait qu'aggraver la mesure d'une

peine qui saisit le coupable à son entrée dans la vie
et le suit jusqu'à la mort.

Nous regrettons qu'en édictant la loi du 25 mai
1885, le législateur n'ait pas décidé qu'en aucun cas, il
ne pourra être fait application aux mineurs de seize
ans de l'interdiction de séjour qui a remplacé la
surveillance de la haute police. La faculté laissée
aux tribunaux d'entraver l'existence d'un enfant,
en lui interdisant certains lieux, et d'assimiler par
là sa condition à celle des grands criminels, me
semble une disposition fâcheuse. Cette disposition
n'en devra pas moins disparaître le jour prochain,
je l'espère, où il sera procédé à une revision rationnelle de la législation pénale qui concerne les jeunes
délinquants.

Enfin, ainsi que l'ont décidé les rédacteurs du
Code de l'empire d'Allemagne, et les rédacteurs du
Code des Pays-Bas, aucune restriction de ses droits
ne devrait être prononcée contre le mineur de vingt
et un ans. En enlevant au juge le pouvoir de déclarer déchu le mineur de ses droits civiques, le
législateur n'irait pas trop loin dans la voie de
l'adoucissement de la répression contre les infractions commises par l'agent dans la période de
l'adolescence.

Il nous reste maintenant à rappeler les bases prin-
cipales sur lesquelles reposent aujourd'hui nos

moyens de répression et de correction contre l'enfance coupable.

Les articles 66, 67, 68 et 69 du Code pénal ont trait au mineur de seize ans; ils renferment la consécration des trois principes suivants : 1° le mineur de seize ans est protégé par une présomption d'innocence, qui peut être combattue par la preuve contraire (art. 66); 2° cette présomption détruite, il a encore en sa faveur une excuse atténuante (art. 67, 68); 3° sauf exception formelle, il n'est justiciable, même pour les faits de la compétence ordinaire de la Cour d'Assises que de la police correctionnelle.

Nous allons donc parler des effets de la minorité, 1° relativement à la juridiction, 2° à la valeur morale et juridique des faits imputés, 3° à la pénalité à établir, lorsque la culpabilité a été reconnue ou non.

La minorité amène des règles spéciales, par rapport à la juridiction appelée à statuer. Pour ce qui concerne les faits qualifiés crimes, sous l'empire du Code pénal de 1810, le mineur était traduit devant la Cour d'Assises. Mais lorsqu'il était établi qu'il avait agi avec discernement, le mineur n'était passible que d'un emprisonnement pendant un certain laps de temps.

L'article 1er de la loi du 25 juin 1824, à peu près

textuellement transporté dans la loi du 28 avril 1832, et qui forme aujourd'hui l'article 68 du Code pénal, soustrait en principe, et sauf exception, les accusés de seize ans à la juridiction des Cours d'Assises. Le législateur a voulu sans doute épargner au mineur la flétrissure des débats au grand criminel. Mais la dérogation consacrée par la loi de 1824, et plus tard par la loi de 1832, ne nous paraît pas constituer un sérieux avantage pour le mineur. Les jurés sont les juges naturels des accusés mineurs de seize ans, comme des autres accusés. Pourquoi ne sauraient-ils pas apprécier les causes impulsives du crime, faire la part de l'impétuosité des passions et de la légèreté du mineur? Un grand inconvénient dans ce changement de juridiction est d'apporter dans cette compétence des hésitations et des difficultés qui embarrassent des règles qui devraient être évidentes pour tous. Le législateur est obligé d'ailleurs de déroger en toute hâte à son nouveau principe. La Cour d'Assises est compétente, si le crime dont le mineur est prévenu entraîne la peine de mort, celle des travaux forcés à perpétuité, de la déportation ou de la détention, ou si le mineur a des complices présents de plus de seize ans.

Quelle est l'influence de la minorité sur la valeur morale et juridique du fait imputable au mineur?

Il existe, en faveur de la minorité, une présomption d'absence de discernement. Lorsqu'un accusé de moins de seize ans est mis en jugement, le président, aux termes de l'article 340 du Code d'instruction criminelle, doit, à peine de nullité, poser cette question : l'accusé a-t-il agi avec discernement? La loi de 1832 a ajouté à cet article les mots « à peine de nullité », et toutefois il n'y avait pas ici d'abus à réformer; la Cour de Cassation avait plusieurs fois annulé des arrêts par cela seul qu'ils avaient omis de mentionner la position de cette question (¹).

Du reste, cette position doit avoir lieu devant le tribunal correctionnel, comme devant la Cour d'Assises, car le principe est général, et l'article 68 déclare formellement que les tribunaux correctionnels se conformeront aux articles 66 et 67.

Les articles 66, 67 et 69 du Code pénal sont applicables devant les tribunaux militaires et devant les tribunaux de la marine. Le Code de justice militaire pour l'armée de terre des 9 juin et 4 août 1857, par son article 199, et le Code de justice militaire pour l'armée de mer des 4 et 5 juin 1858, par son article 257, ont déclaré applicables devant les tribunaux militaires et les tribunaux de la marine les dispositions des articles 66, 67 et 69 du Code pénal ordinaire concernant les individus âgés de moins

(¹) Cassation, 16 août 1822.

de seize ans. Devant ces tribunaux, s'il est déclaré que l'accusé a agi avec discernement, les peines de la dégradation militaire, de la destitution et des travaux publics sont remplacées par un emprisonnement d'un à cinq ans dans une maison de correction (articles 199 et 257), et ajoute spécialement pour les tribunaux de la marine l'article 257, les peines de l'inaptitude à l'avancement et de la réduction de grade ou de classe remplacées par celle du cachot ou double boucle.

Le présomption de non-discernement au profit des mineurs de seize ans est applicable en matière de contraventions. La jurisprudence s'est en effet prononcée dans ce sens : la présomption n'a rien qui la rattache spécialement plutôt à une classe d'infractions qu'à une autre.

Mais s'il est décidé qu'un mineur a commis avec discernement la contravention, aucune disposition de loi ne change la nature de la peine, ou même n'impose une réduction dans sa mesure (¹).

Cette présomption existe non seulement pour les infractions prévues par le Code pénal, mais encore pour les infractions régies par des lois spéciales.

Il convient maintenant de rechercher quels sont les effets de la minorité par rapport à l'application des peines.

(¹) Cassation, 3 février 1849.

Lorsqu'il est décidé que le mineur de seize ans a agi sans discernement, il est à l'abri de toute peine (art. 66). Mais il sera, d'après l'article 66 et suivant les circonstances, remis à ses parents ou conduit dans une maison de correction pour y être élevé et détenu pendant le nombre d'années que le jugement déterminera, et qui, toutefois, ne pourra excéder l'époque où il aura accompli sa vingtième année.

L'enfant ainsi affranchi de toute peine est rendu à sa famille, lorsqu'elle se trouve dans des conditions de moralité excellente et offre des garanties suffisantes pour la surveillance et l'éducation du mineur. Il peut être remis aussi aux personnes charitables ou aux établissements d'apprentissage et d'éducation professionnelle qui demandent à se charger du mineur, lorsqu'ils offrent des garanties pour sa direction.

Les juges ont aussi la faculté de l'envoyer dans une maison de correction; cette détention n'est pas une peine, et cette correction autorisée par la loi n'a d'autre but que la protection des mineurs. C'est, en quelque sorte, une tutelle substituée à la tutelle de la famille.

La loi du 5 août 1850 a décrété l'établissement de colonies pénitentiaires où les jeunes détenus acquittés comme ayant agi sans discernement doivent recevoir une éducation morale, religieuse et professionnelle.

Lorsque la question de discernement a été résolue par une réponse affirmative, la minorité de seize ans entraînera une diminution de la peine (art. 67, 69, 271, § 2, P. 340, I. C.).

En effet, les peines correctionnelles sont substituées, dans l'espèce, aux peines afflictives et infamantes, ou infamantes seulement.

La mort, les travaux forcés à perpétuité, la déportation, seront remplacés par dix à vingt ans d'emprisonnement dans une maison de correction.

Si le mineur a encouru la peine des travaux forcés à temps, de la détention, ou de la réclusion, il sera condamné à être renfermé dans une maison de correction pour un temps égal au tiers au moins et à la moitié au plus de celui pour lequel il aurait pu être condamné à l'une de ces peines.

La dégradation civique et le bannissement, qui sont des peines simplement infamantes, seront remplacées par un à cinq ans d'emprisonnement dans une maison de correction (art. 67).

La peine de l'interdiction de séjour peut, dans tous les cas, être prononcée contre le mineur pendant cinq ans au moins et dix ans au plus.

Le mineur n'étant condamné qu'à une peine correctionnelle n'encourt pas les incapacités rattachées à des condamnations à des peines afflictives et infamantes, mais il encourt toutefois les incapacités rattachées aux condamnations correctionnelles.

Quand il s'agit d'un simple délit, le mineur de seize ans n'encourt que la moitié de la peine à laquelle il aurait pu être condamné s'il avait eu seize ans (art. 69). L'application de l'article 69 a lieu non seulement pour les cas généraux, mais encore pour les lois spéciales.

En matière de loi sur la chasse, le mineur doit profiter du bénéfice de l'article 69, sans que cependant ce bénéfice s'étende jusqu'à l'amende, qui a un caractère essentiellement réparateur.

Ainsi que nous le disions tout à l'heure, la justice livre à l'Administration deux catégories d'enfants : les uns coupables et frappés d'une peine d'emprisonnement correctionnel, les autres retenus, quoique ayant agi sans discernement. Deux choses paraissent commandées : l'une, que les jeunes détenus ne seront jamais mêlés aux condamnés adultes; l'autre, que les coupables devront être aussi séparés matériellement de ceux qui ne le sont pas. Nous entendons par là que ces deux sortes d'enfants habiteront, non pas des quartiers distincts d'un même établissement, mais même des maisons différentes.

La situation de famille, la nature des fautes reprochées, l'âge, l'état de l'instruction, tout se réunit pour démontrer que la plupart des enfants auxquels l'éducation correctionnelle s'applique n'ont été amenés à commettre des fautes que par suite de l'abandon dans lequel ils se sont trouvés, et parce qu'ils ont grandi sans défense, livrés à toutes les séductions, à tous les mauvais exemples et prêts à tous les entraînements.

Dès lors, que doit être pour les jeunes délinquants l'éducation correctionnelle?

Le hasard a été leur seul guide et leur seul maître. Il faut que désormais ils soient soumis à une discipline sévère. Ils ont vécu dans l'insouciance et la paresse : tous les instants de leur vie devront être dorénavant occupés. Ils devront recevoir pendant leur détention une instruction primaire complète; il faudra surtout qu'un apprentissage sérieux leur permette de gagner leur vie par le travail au jour où les portes de la prison s'ouvriront devant eux.

Bordeaux. — Imp. G. GOUNOUILHOU, rue Guiraude, 11.

www.ingramcontent.com/pod-product-compliance
Lightning Source LLC
Chambersburg PA
CBHW070935280326
41934CB00009B/1884